LES MOBILES

DE LA CORRÈZE

PENDANT LA GUERRE 1870-1871

PAR

Joannès PLANTADIS

TULLE

IMPRIMERIE DU « MESSAGER »

—

1886

Les Mobiles de la Corrèze

pendant la guerre de 1870-71.

I.

Au lendemain de la capitulation de Sedan, le gouvernement de la Défense Nationale fit appel au patriotisme des citoyens français pour venir secourir le pays, envahi par les armées allemandes.

La Corrèze répondit avec empressement à cet appel de la Patrie.

Déjà, le 22 août, c'est-à-dire au lendemain de Wissembourg et de Reischoffen, un premier appel de mobiles avait été fait dans les cantons du nord de la Corrèze. Cette première levée forma le deuxième bataillon.

Depuis quelques jours, le bataillon de Brive, avait été convoqué et organisé. Il était composé de plusieurs cantons de Tulle et du contingent de Brive.

Les cadres d'officiers des deux bataillons furent remplis presque entièrement. Deux officiers en retraite, qui avaient déjà fait leurs preuves sur les champs de bataille, M. Feugeas, en Italie, et M. de Cezac, en Afrique, prirent la direction de ces deux bataillons.

La réunion préparatoire, qui eut lieu dans la cour de la Préfecture (aujourd'hui l'Ecole normale de filles), se borna à un classement sommaire des hommes. Beaucoup furent éliminés et renvoyés dans leurs foyers.

On songea alors aux préliminaires de cette levée, composée de 2000 hommes, à leur armement et à leur équipement.

Les cadres et les effectifs furent ensuite arrêtés ; et après avoir reçu une instruction rapide les hommes furent convoqués pour le 7 septembre.

Armés de fusils à pistons, mal équipés et mal habillés, les mobiles de la Corrèze, qui avaient reçu des dames de Tulle un drapeau, quittèrent le département, le 22 septembre. Ils furent cantonnés d'abord dans les Deux-Sèvres, puis dirigés sur Verneuil, dans le département de l'Eure, où leur drapeau fut béni.

Les bataillons de mobiles de la Corrèze furent incorporés à la 2e armée de la Loire (général Chanzy); 21e corps, (général Jaurès) ; 1re division (général Rousseau) 2e Brigade (général de Villars) 90° régiment de marche (Mobiles de la Correze et de la Sarthe) placé sous le commandement du lieutenant-colonel Feugeas.

Les deux bataillons de la Corrèze, étaient commandés, le premier (Brive) par M. Veyriéras, le second (Tulle et Ussel) par M. de Cézac, et plus tard par M. Jamait, lorsque M. de Cézac fut fait prisonnier au combat de Châteauneuf.

II

Les mobiles corréziens entrèrent en campagne le 12 novembre, et reçurent le baptême du feu à Châteauneuf. Ce combat qui dura trois jours (16, 17 et 18 novembre) fut un des plus sanglants que nos mobiles aient livré. Ceux-ci se battirent avec acharnement et 131 d'entre eux furent faits prisonniers dans la retraite, qui fut mal conduite.(1) Parmi les officiers qui se signalèrent dans cette affaire, citons le capitaine de la Pomélie qui fut grièvement blessé, et M. Rebière, capitaine de la compagnie de Tulle, fait prisonnier. Après le combat de Châteauneuf, les mobiles de la Corrèze (2e bataillon) se concentrèrent à Senonches, puis furent dirigés sur Boissy-Maugis. Là les cadres du 2e bataillon furent arrêtés.

Pendant leur séjour au Mans, les Mobiles de la Corrèze furent armés de fusils Chassepot, grâce aux démarches de M. Jamait. Ils furent ensuite dirigés, sur la Belle-Inutile, Vendôme et Yvré-l'Evêque.

_____

(1) Un monument a été élevé au pont de Châteauneuf en souvenir de ce combat.

Les 5 et 6 janvier, le généra. Rousseau (commandant la 1ʳᵉ division du 21ᵉ corps), s'avança dans la vallée de l'Huisne et livra les combats de La Fourche et de Nogent-le-Rotrou. Dans ces deux affaires, nos Mobiles se distinguèrent tout particulièrement. Mais l'ennemi avait eu le dessus et nos troupes furent obligées de battre en retraite sur la Ferté-Bernard, puis sur Conneré.

Les Mobiles prirent part, le 9 Janvier 1871, au combat de Thorigné, et y firent des prodiges de valeur.

«... Pendant que les 2ᵉ et 3ᵉ divisions du 21ᵉ Corps se portaient en avant, dit le Général Chanzy, dans son livre *La deuxième Armée de la Loire*, la 1ʳᵉ division était de nouveau attaquée dans la journée du 9 Janvier. Le 26ᵉ de ligne, envoyé à Thorigné pour l'occuper, en attendant les renforts que doit amener le général Goujard, qui remonte la rive gauche de l'Huisne, est assailli le matin, par trois colonnes ennemies débouchant par les routes de Breil, de Dollon et Bouloire, et obligé d'abandonner le village. Les Allemands marchent alors sur Conneré et sont arrêtés par la résistance vigoureuse du 26ᵉ qui a pu atteindre une bonne position, où il est renforcé par le 90ᵉ mobile (1ᵉʳ et 2ᵉ bataillons de la Corrèze et 5ᵉ bataillon de la Sarthe) sous les ordres du Colonel Feugeas, dont l'énergie les maintient jusqu'à la nuit.

«... La fatigue des troupes était extrême, le temps n'avait pas cessé d'être très mauvais depuis quelques jours, les hommes étaient mouillés sans pouvoir se sécher ; ce n'était qu'à grand peine qu'ils trouvaient le moment de toucher leurs vivres, de préparer leurs aliments et de

manger. D'un autre côté, l'ennemi se concentrait
de plus en plus, et la résistance dans ces condi-
tions devenait impossible. Le général Rousseau
demanda alors à se retirer sur Montfort et Pont-
de-Gennes. Sa division avait eu 24 tués, 98 blessés,
756 hommes disparus, parmi lesquels 5 officiers
blessés et 1 fait prisonnier. Le Colonel Feugeas,
malgré deux blessures, était resté à son poste de
combat, et ne s'était retiré qu'après avoir eu son
cheval tué sous lui. »

On voit que dans cette rude journée, les Mobiles
de la Corrèze firent leur devoir. Ils y perdirent leur
chef, le brave Colonel Feugeas qui obtint pour
prix de son courage la croix d'officier de la Légion
d'Honneur et fut remplacé après sa blessure par
le Commandant Safflet des Mobiles de la Sarthe.

Tous les officiers du 1er bataillon montrèrent
en cette occasion une rare valeur, entre autres M. Robert de Lasteyrie, lieutenant, qui
fut blessé au bras, en chargeant à la tête de sa
compagnie. Les galons de Capitaine et la croix de
la Légion d'Honneur, furent la juste récompense
de la conduite de ce jeune officier.

Après la sanglante bataille de Thorigné, les
mobiles de la Corrèze furent dirigés sur Montfort,
et prirent position derrière l'Huisne. Le soir du
10 Janvier, les 2e. 3e, 4e et 5e Compagnies du 2e
bataillon, furent envoyées en reconnaissance au
pont de Champigné, sous les ordres du Commandant Jamait. Pendant que la 5e compagnie était
mise en réserve sur la lisière d'un bois de sapins,
les autres compagnies prenaient contact avec l'ennemi. Après une fusillade assez vive, les Prussiens
se retirèrent laissant les Mobiles maîtres de la
position.

Nos mobiles s'étaient admirablement bien conduits dans cette affaire ; ils eurent 12 morts et quelques blessés. Le Capitaine Paul Toinet, l'adjudant Merpillat et le sergent Laurent, se distinguèrent tout particulièrement.

Le lendemain 11, le général Chanzy livrait l'héroïque bataille du Mans. Selon ses instructions le 21e corps devait défendre les mamelons qui dominent Yvré-l'Evêque et se maintenir à Pont-de-Gennes.

« Le 11, dans la matinée, la 1re division (dont faisaient partie les Mobiles de la Corrèze) poursuivie avec tant d'acharnement, la veille, ne fut d'abord que faiblement attaquée. Mais, dans l'après-midi l'ennemi , qui avait traversé l'Huisne à Conneré, assaillit un bataillon du 58e de ligne, le força à la retraite, et marcha sur Montfort et Pont-de-Gennes. Le général Jaurès se portant hardiment en avant avec une compagnie de fusilliers-marins, trois compagnies du 94e et trois compagnies de marins, refoula les Allemands, malgré une vive fusillade qui nous coûta sept hommes tués et cinquante blessés. Cette action vigoureuse assurait la défense du Pont-de-Gennes. (1)

Malgré les efforts du général Gougeart et de ses troupes, qui avaient repris après une lutte acharnée la position d'Auvours, la bataille fut perdue.

Le 21e corps après avoir renforcé la division des généraux Gougeart et de Colomb, à Auvours, se mit à battre en retraite par la route de Fatines.

_____

(1) Général Chanzy, 2e *armée de la Loire*

La 1ᵣᵉ division, qui formait l'arrière-garde, se dirigea sur Yvré, Sargé et Beaumont.

Elle avait reçu l'ordre de prendre pour objectif Laval, de manière à s'établir derrière la Mayenne, et rallia le quartier-général après avoir livré un combat acharné à Sillé-de-Guillaume.

« . . .·. Pendant ce temps, dit le général Chanzy, dans son rapport sur cette affaire, le général Rousseau, établi à St-Remy-de-Sillé avec la 1ᵣᵉ division, apprenait par ses reconnaissances que d'autres colonnes ennemies débouchant de Cressé s'approchaient par la chaussée du chemin de fer et par le chemin qui lui est parallèle. Le 5ᵉ bataillon de la Sarthe (Commandant Safflet) qui gardait ces deux issues et qu'appuyait le 22ᵉ de Ligne, reçut bravement le choc de ces colonnes. L'ennemi, arrêté par cette résistance, se disposait à un nouvel effort, lorsque le commandant Bonnefond, à la tête d'un bataillon du 58ᵉ s'avança résolument sur lui au cri de : *Vive la France* ! l'aborda à la baïonnette et le mit en déroute en lui faisant une vingtaine de prisonniers. »

Le général Chanzy exprima dans un ordre du jour toute sa satisfaction aux troupes du 21ᵉ corps (général Jaurès) pour la façon dont la retraite avait été conduite.

Le 17 janvier, le 21ᵉ corps passait la Mayenne et allait occuper les positions que lui avaient assignées le général en chef pour la défense de Laval. Là, nos mobiles apprirent la signature de l'armistice et des préliminaires de la paix, qui les rendirent libres.

Le général de Villars, en se séparant des mobiles de la Corrèze, qu'il avait commandés depuis

le début de cette campagne, adressa au commandant Jamait, la lettre suivante :

« Monsieur et cher camarade,

Au moment de quitter le commandement de la
brigade qui m'avait été confiée, je ne veux pas
négliger de vous remercier du bienveillant con-
cours que vous m'avez prêté.

» En exprimant le regret de quitter des officiers
qui m'ont rendu par leur zèle et leur dévouement
la tâche facile, je n'oublie pas la troupe si remplie
de courage et si disciplinée ; je lui fais mes adieux
en l'engageant à persévérer dans la même voie,
tâche que vous lui rendrez facile en continuant
vous même à lui donner l'exemple des vertus mi-
litaires.

» Recevez, avec mes adieux, l'expression de
mes sentiments les plus cordiaux.

» Général de VILLARS. »

Les mobiles de la Corrèze furent désarmés à
Châtellerault ; ils regagnèrent ensuite leurs chè-
res montagnes après 7 mois d'absence.

Ils avaient eu 700 hommes environ tués, blessés ou prisonniers.

III.

En terminant cette courte notice historique,
oserais-je exprimer un vœu ?

Je voudrais voir s'élever sur une des places

publiques de Tulle, un monument à la mémoire des soldats et mobiles de la Corrèze, morts pour la Patrie, pendant cette douloureuse guerre.

Tout en glorifiant nos morts, ce monument rappellerait à la jeunesse les sombres souvenirs de l'année terrible ; elle y puiserait les mâles et nobles vertus qui font les grands peuples, lorsqu'ils défendent ce qu'ils ont de plus cher au monde : La Patrie et l'Honneur.

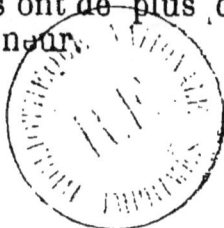

J. P.